Sara Ball

Fräulein Raffig

ars edition

Mais

Es war einmal eine Maus, die hieß Fräulein Raffig.
Fräulein Raffig war, wie der Name schon verrät, ziemlich raffgierig und sehr geizig. Sie lebte auf dem Land am Rand einer großen Wiese.
Als der Herbst kam, hatte Fräulein Raffig bereits soviele Vorräte zusammengerafft, daß mindestens zehn Mäuse damit gut über den Winter gekommen wären.
Fräulein Raffig bewachte ihre Vorratskammer gut. Denk dir, sie schlief sogar darin.

Ein Stückchen entfernt von Fräulein Raffigs Wohnung lebte Mausi Knusper. Diese hatte neun kleine Kinder.
Eines Tages hatte ein Fuchs Frau Knuspers Wohnung und Vorräte zerstört. Sie konnte sich und ihre neun Kinder gerade noch rechtzeitig in Sicherheit bringen.
So kam es, daß sie an Fräulein Raffigs Tür klopfte und um etwas Futter für ihre hungrigen Kinder bat.
»Ich habe selbst kaum etwas zu nagen«, sagte Fräulein Raffig und schloß schleunigst wieder die Tür. Nicht sehr nett, findest du nicht auch?

Mais
Hafer
Nüsse
Nüsse

So zog also Mausi Knusper mit all ihren Kindern weiter.
Bald kamen sie wieder an eine Türe. An dieser war ein Zettel angebracht. Auf dem Papier stand: »Bin zu meiner Schwester umgezogen.« Welch ein Glück! Nun hatten sie eine neue Wohnung gefunden! Diese Wohnung besaß obendrein noch eine halbgefüllte Speisekammer. Unser Fräulein Raffig aber hatte ein schlechtes Gewissen. Doch dann sagte sie laut: »Papperlapapp!« und dachte nicht mehr ans Vorgefallene. Die Maus stapelte ihre Vorräte zu einem Turm, machte sich obendrauf ein schönes Bettchen zurecht und schlief ein.

Während sie so schlief, merkte sie gar nicht, was inzwischen auf der Wiese geschah. Männer kamen mit Schaufeln und Pickeln. Sie sollten einen Zaun errichten. Einer von ihnen schaufelte tiefe Löcher für die Pfosten. Der Mann traf gerade die Stelle, wo sich Fräulein Raffigs Vorratskammer befand.
So passierte es, daß Fräulein Raffig mitsamt ihrem ganzen Vorrat durch die Luft wirbelte und unsanft auf einem Erdhaufen landete. Vor Schrecken rannte sie, so schnell sie nur konnte, zum nahen Wald.

Im Wald blieb Fräulein Raffig erschöpft unter einem dicken Pilzdach sitzen. Sieht sie nicht bedauerlich aus, wie sie da so sitzt und weint?
Arm war sie geworden, denn sie hatte nichts mehr als ihr schmutziges, zerrissenes Nachthemdchen.
Bald fing es noch zu regnen an. Stell dir einmal vor, du würdest im Nachthemdchen auf der Straße stehen. Es würde regnen und du hättest keine Wohnung. Wäre das nicht äußerst ungemütlich?

Unser Fräulein Raffig machte sich schnell auf die Suche nach einem Unterschlupf. Dabei kam sie an Frau Knuspers neue Wohnung. Sie klopfte. An der Türe war noch kein Namensschild angebracht. Fräulein Raffig war ziemlich erstaunt, als Mausi Knusper die Türe öffnete. Die Maus bat den Besuch freundlich einzutreten. Deshalb schämte sich Fräulein Raffig, denn es fiel ihr ein, wie grob und unfreundlich sie doch erst kürzlich gewesen war.

Noch mehr schämte sich Fräulein Raffig, als Frau Knusper ihr einen Haferbrei kochte und ein neues Kleid schenkte. Die Kinder machten der armen Maus ein Fußbad zurecht. Sie brachten heißen Tee und eine warme Decke. Bald war Fräulein Raffig wieder froh und glücklich. Aus Dankbarkeit bot sie Frau Knusper ihre Hilfe im Haushalt an.

Raffgierig war Fräulein Raffig allerdings immer noch ein bißchen. Aber das war weiter nicht so schlimm. Nein, es war sogar nützlich, denn sie hatte ja nun neun Kinder zu versorgen. Mausi Knusper und Fräulein Raffig hatten nämlich beschlossen, von nun an zusammenzubleiben.

Bohatta-Bilderbücher
zum Aussuchen,
für Kinder gemalt
mit lustigen Geschichten
oder heiteren Versen

Ball: Fräulein Raffig
Die kleine Schleckmaus
Vom Mäuschen, das Schule schwänzte
Vom putzigen, schmutzigen Mäuschen
Vom ungezogenen Mäuschen
Vom Strickmäuschen
Vom weißen und vom grauen Mäuslein
Helwig: Familie Mäuserich
Höngesberg: Hamster-Geschichten
Die kleinen Patienten
Die Kräutermännchen
Lolla, das Pony
Das Spielzeugpferdchen
Die Zwergenschule
Keussen: Gefährliche Reise
Im Garten von Puk und Pat
Puk findet Pat
Puk und Pat im Heu
Puk und Pat kehren heim
Die Schule im grünen Wald
Unterwegs zum Rabennest
Die Waldapotheke
Der Wiesendoktor
Zwerglein Puk baut sein Haus

ars edition

Ausstattung und Herstellung ars edition
Printed in West-Germany · ISBN 3-7607-6206-9